Jesus Christus hatte ein Tattoo
Fakten aus den geheimen Archiven der Kirche

AF236021

Mutter Hautberg

Jesus Christus hatte ein Tattoo

Fakten aus den geheimen Archiven der Kirche

Bibliografische Information der Deutschen
Nationalbibliothek
Die Deutsche Nationalbibliothek verzeichnet
diese Publikation in der Deutschen
Nationalbibliografie; detaillierte bibliografische
Daten sind im Internet über http://dnb.d-nb.de
abrufbar.

ISBN   9783755779766

Copyright (2021)
Herstellung und Verlag: Books on Demand
GmbH, Norderstedt
Alle Rechte bei der Autorin.

4,99 Euro

Lieber Jesusfreund,

hier findest Du 50 Fakten über Jesus, die weithin unbekannt sind. Ausgegraben aus sehr vielen verschiedenen geistlichen Schriften.
Ich durfte diese nicht nur ausgraben, ich darf sie auch verlautbaren.
Viele Dinge werden sie verwundern und sie werden darüber zweifeln, aber schauen sie einmal: Sie haben vorher auch gedacht, dass der Boy Wasser zu Wein machen kann und das er Blinde sehend macht. Sie werden die weiteren Fakten auch glauben und wenn nicht, dann wohl irgendein anderer. Die Wahrheit findet immer seinen Gläubigen.

Mutter Hautberg

1. Jesus Christus war lesbisch

2. Jesus hatte stets ein Kopfkissen dabei

3. Jesus hatte auch den Spitznamen 100ProzentBoy

4. In Ägypten gibt es ein paar Felszeichnungen (Nicht Hieroglyphen) von ihm

5. Jesus feierte nie Weihnachten

6. Manchmal hat er sich die Brust blutig gekratzt und mit dem Blut in der Handinnenfläche Vögel gemalt.

7. Er hatte keine Perücke. Es war sein Echthaar

8. Jesus Christus hat den Osterhasen erfunden. Nach seiner Zeit am Kreuz und dem Auferstehungszeugs hat er in Europa den Kult vorprogrammiert.

9. Katzen hassen Christus

10. Unter seinen Fingernägeln waren immer genug Nährstoffe für eine längere Reise durch karges Gebiet.

11. Zum Urinieren musste er immer weiter weg von Menschen gehen. Es war ihm unangenehm, da er nur ein kleines Genital hatte.

12. Am Kreuz hat er 4 Stunden lang gepfiffen.

13. Er trug immer Socken aus Bast

14. Jesus hat im Grunde das erste Feuerwerk abgezündet. Hierzu rührte er Eigenkot, Feuersteinpulver und Gargen zusammen. Dann warf er ins Feuer und untermalte somit seine Geschichten.

15. Das Sprichwort: „Was auf der Erde einschlägt, dass tut im übrigens Universum keinen Schaden mehr" ist von ihm.

16. Jesus hat den ersten Aprilscherz gemacht. Am 1. April war er einfach total lustig drauf und hat seine hohle Hand in seine Achsel gelegt und einen Furz vorgetäuscht. Daraufhin erschrak ein Jünger und fiel um.

17. Es gibt einen Roman von Christus:
    „Spazieren mit Behinderten"

18. Seine sportliche Laufbahn hatte keinen Lauf

19. Alles was gerade war, fand er schräg.

20. Jesus lebt noch immer und hat an den Nageldurchschlagstellen nur noch Muttermale.

21. Digital lebt Jesus in dem Spiel Fortnite in einer Höhle. Man erhält keinen Zugang dazu, aber manchmal erscheint er Spielern.

22. Jesus hat mal 5 Tage weder uriniert noch gekotet.

23. Seine Lieblingszahl ist die 23

24. Sein dargestellter Heiligenschein war nur ein Kommunikationsmittel zu seinem Vater auf dem Mutterschiff.

25. Jesus mochte keine Asiaten. Er fand das deren Augen wenig Spiegel zur Seele seien, weil sie geschlitzt sind wie ein Teufelsschwanz.

26. Als Maria und Josef Jesus zur Welt brachten, erschien erst einmal ein kleiner Weihnachtsbaum aus Maria

27. Er sammelte Hühnergötter

28. Einmal nahm er einen Hahn, biss ihm seinen Schnabel ab und leckte das Gehirn heraus. Gleichsam tupfte er mit der Zunge Göttliches ins Tier und die erste weiße Taube entstand.

29. Von ihm stammt ein Steinspiel, dass man mit 5 Kieseln spielt. 5 Mitspieler und jeder erhält einen Stein. Wer einen der Spieler zuerst trifft hat gewonnen.

30. Jesus hatte niedrigen Blutdruck und immer kalte Hände.

31. Im 15. Jahrhundert wurde ein Poltergeist in Bobitz mit dem Namen „Jesus Christus" ausgetrieben. Er hatte den Bewohnern des Hauses ständig Stigmata angesetzt.

32. Nach einer weinbeseelten Nacht übergab sich Jesus am nächsten Morgen und 277 Schmetterlinge kamen aus seinem Schlund. Diese flogen in die karge Wüste und die Sonne verbrannte sie noch im Flug. Dort wo sie den Boden berührten zeichnete der Wind kleine Kreuze in die Erde.

33. Was nicht ganz zu der friedvollen Aura von Jesu passt: Er gewann mehrere Ringmeisterschaften.

34. Wer sein Jünger werden wollte musste drei Mutproben absolvieren.

35. Es gibt einen Hinternabdruck in Jerusalem von Jesus.

36. Er trug ein Tattoo. 5 Sterne in seiner Leiste.

37. Jesus war noch nie auf einem Polenmarkt

38. Sein Haustier war ein Tausendfüßler. Diese lief ihm eines Tages über die Wange, als er Mittagsschlaf hielt. Daraufhin waren sie beste Freunde.

39. Während seines Lebens hatte er 29
   Geschlechtspartner.

40. Er ist nun auch gerade in diesem
Buch und wünscht Dir alles Liebe

41. Sein Fotoalbum war aus Stein